DE LA

PEINE DE MORT

PAR

Elzéar **BONNIER-ORTOLAN**

Extrait de la *Revue pratique de droit français*, tome XXIX,
n^os des 1er et 15 janvier 1870.

PARIS
A. MARESCQ AINÉ, LIBRAIRE-ÉDITEUR
17, RUE SOUFFLOT, 17

1870

DE LA

PEINE DE MORT

PAR

Elzéar BONNIER ORTOLAN

Extrait de la *Revue pratique de droit français*, tome XXIX,
n.os des 1er et 15 janvier 1870.

PARIS
A. MARESCQ AINÉ, LIBRAIRE-ÉDITEUR
17, RUE SOUFFLOT, 17

1870

LA PEINE DE MORT.

I.

Il y a deux sortes d'adversaires de la peine de mort, les adversaires de sentiment, et les adversaires de raison.

Pour les premiers la peine de mort est avant tout une chose cruelle; le sang versé les émeut et les indigne; un instinct physique joint à une pitié irréfléchie leur inspire l'horreur de l'échafaud.

Pour les seconds la peine de mort est avant tout une chose absurde et mauvaise, une de ces vieilles erreurs des temps barbares, comme l'esclavage et la torture; ils la méprisent et la condamnent.

Parmi les premiers, on compte surtout des femmes, ou plus généralement des natures de premier élan, mobiles et impressionnables, chez qui le côté nerveux et le côté sentimental sont plus développés que le côté intellectuel. Ce qui les touche, ce qui les révolte, ce sont les angoisses du condamné, c'est l'intérêt plus ou moins grand qu'il inspire, c'est le spectacle de l'exécution, c'est l'application du principe plutôt que le principe lui-même.

Un grand nombre d'écrivains, de publicistes, de criminalistes même, se sont faits les interprètes éloquents de ces passions généreuses. Il me paraît difficile de lire sans une émotion profonde *Le dernier jour d'un condamné;* mais sort-on de cette lecture convaincu? Je ne le crois pas, et j'insiste sur ce point. On s'est attendri sur les souffrances des condamnés, ou plutôt du condamné bon et intelligent imaginé par l'auteur; voilà tout. Demain peut-être, si l'on condamne un homme d'une nature vile et dépravée, endurci dans le crime, reconnu coupable des plus odieux assassinats, on laissera tomber cette tête sans protester. N'avons-nous pas vu, lors du dernier procès capital, la populace se ruer sur la voiture cellulaire pour déchirer l'accusé? N'avons-nous pas vu, avec un étonnement plus grand encore, des gens intelligents et éclairés, qui se disent en principe adversaires de la peine de mort, déclarer qu'elle doit être réservée pour certains crimes atroces, et se faire ainsi les complices des indignes applaudissements qui ont accueilli l'arrêt de condamnation?

Et cependant, dans ce dernier cas, l'aberration sociale, la violation de la justice sont tout aussi flagrantes que dans l'hypothèse imaginaire du livre de Victor Hugo.

C'est du moins ce que je vais tenter de démontrer.

Peu importe le condamné; ce qui importe, c'est la condamnation. Peu importe que l'homme soit gracié; ce qui importe, c'est que la mort disparaisse à jamais du code des nations. Il faut saper par la base au nom de la vérité et de la morale cette sanglante et dangereuse coutume, que protége seul l'esprit de routine et de despotisme.

On comprend bien que je ne compte pas écrire un traité étendu sur la matière. Je serai très-bref, et même incomplet. Ce que je vais dire, d'autres l'ont sans doute dit avant moi. Mais l'apparition d'un grand crime paraissant avoir dérouté l'opinion d'une certaine partie du public, que le fait brutal touche plus que l'idée, je voudrais protester contre cette grossière méprise, et, faisant comparaître la peine de mort devant le bon sens, apporter au service d'une cause, qui est celle de tous les esprits libéraux, à défaut d'une grande habileté, une ardente et inaltérable conviction.

II.

Et d'abord je ferai remarquer, d'accord avec le christianisme et en général avec toute religion ou toute philosophie admettant l'existence de l'âme et l'état transitoire de l'homme sur la terre, que la mort ne peut pas être considérée comme le mal suprême que la société puisse infliger à un homme. C'est ce que paraissent dire un grand nombre de criminalistes, qui cependant n'entendent nullement s'avouer matérialistes ou athées. Il y a là une évidente contradiction : croire en une divinité, considérer la mort comme le plus grand mal, ou même comme un mal, ce sont deux propositions qui me paraissent à jamais inconciliables. Elles paraîtront telles à tout homme qui se recueillera un instant dans la sérénité de son esprit et de son cœur. Les preuves, s'il en fallait, ne me manqueraient pas, depuis Platon, le plus grand des Grecs, jusqu'à saint Augustin, le plus tendre des chrétiens :

« La mort ne peut être qu'un bien. Ou c'est un anéantissement, un sommeil éternel ; mais quoi de plus doux qu'une nuit calme et sans rêves?... Ou bien c'est un passage dans un monde meilleur, et nous devons nous en réjouir encore plus. »

Tel est le langage que Platon fait tenir à son maître Socrate devant les juges athéniens. Quant à saint Augustin, il s'accuse d'avoir pleuré un instant sur la mort de sa mère. On remarquera que le dilemme de Platon embrasse même les matérialistes, ceux pour qui la mort est un anéantissement complet. Il serait aussi assez facile d'établir que c'est chez ceux qui nient l'existence de l'âme que se présentent les cas les plus fréquents de suicide, c'est-à-dire d'impatience de la mort. Mais il n'entre pas dans mon plan de rechercher ce qu'est la mort aux yeux des matérialistes. Je crois à l'existence de l'âme, et je ne m'adresse qu'à ceux qui y croient.

Cependant, dira-t-on, il est impossible de nier chez l'homme l'amour de la vie et la peur de la mort. Rien n'est plus vrai. L'homme est composé de deux éléments, l'élément matériel et l'élément immatériel. Qu'est-ce que la mort? Frappe-t-elle à la fois ces deux parties de notre être? Non. Pour la partie immatérielle, c'est la délivrance, c'est l'essor de ce que nous sentons en nous de divin et d'immortel ; pour le corps, mais pour le corps seulement, c'est bien *la mort*, c'est-à-dire la privation de la vie. Tout à l'heure cette chair vile, mue par une force cachée, marchait, respirait, vivait enfin ; l'âme s'envole ; ce n'est plus qu'un cadavre qui retombe inerte, et va perdre bientôt jusqu'à sa forme, souvenir de son ancienne existence.

Eh bien! cette appréhension douloureuse, cet effroi de la dernière heure, c'est notre corps qui se révolte, qui se plaint, qui lutte contre la dissolution. C'est un instinct purement matériel que tout le monde éprouve, mais qui s'efface bien vite devant les instincts spirituels.

Cette terreur irraisonnée, il est évident que ce sont les natures les plus grossières, les plus charnelles qui doivent en souffrir le plus. Il est vrai aussi de dire que sans doute un assez grand nombre des individus accusés d'un crime capital présentent cette obtusion des facultés élevées, cette étroitesse de vues, cet assujettissement à la matière. Mais parce que la nature de ces hommes est imparfaite, ou bien parce qu'ils ont reçu une éducation mauvaise, est-ce une raison pour que la société, au lieu de les éclairer, s'armant contre eux de leurs préjugés, consacre et sanctionne pour ainsi dire cette terreur grossière en inscrivant la peine de mort dans ses Codes?

Non, la mort n'est pas le mal suprême que la société puisse infliger à un homme; bien plus, ce n'est pas un mal; c'est le terme fatal de notre existence, qu'il ne peut nous être permis d'avancer ni pour nous-mêmes ni pour nos semblables.

Je tenais à signaler cette doctrine étrange d'un grand nombre d'écrivains au sujet de la mort; mais je n'entrerai pas plus avant dans cette question; bien qu'en elle-même ce soit la plus importante controverse que les hommes puissent soulever, puisqu'elle embrasse toutes nos destinées futures, elle n'est qu'accessoire au sujet qui m'occupe. Je chercherai en effet à établir tout à l'heure que la peine n'a pas pour but d'infliger un mal au coupable. Il n'y a donc pas intérêt direct à examiner plus longtemps si la mort est ou n'est pas un mal,

Le peu que j'ai dit a d'ailleurs suffi, je pense, non pour apprendre, mais pour rappeler à ceux qui lisent ces lignes que, pour ainsi dire, aucune doctrine humaine, même la plus aride et la plus désolée, n'a considéré la mort comme un mal.

III.

La mort n'est pas *une peine.*

La mort pénale, comme le duel, comme la guerre, est cruelle, barbare; c'est le sang humain versé injustement et inutilement. Mais, je le répète, elle est surtout illogique, elle choque directement les notions de la raison la plus simple; c'est ce point surtout qui me paraît essentiel à développer.

Il ne faut pas croire en effet, comme le fait un certain nombre, que ce soit ici seulement une question de sévérité, de châtiment excessif, de limites outrepassées. Nullement. Il est impossible d'admettre que la mort soit de même nature que les autres peines, ou même de nature analogue. Il y a des rapports intimes entre le plus et le moins; entre une peine quelconque et la mort, je n'en vois pour ainsi dire aucun.

Je me souviens qu'enfant, la première fois que j'ouvris un Code, je compris assez bien la gradation successive des diverse peines, l'amende, par exemple, et la privation plus ou moins rigoureuse de la liberté. Il me paraissait naturel pour un délit peu important, n'impliquant pas nécessairement une perversité sérieuse, et surtout pour un délit non intentionnel, de frapper le coupable dans sa fortune ; il me paraissait plus naturel encore, pour une violation de la loi plus grave, de le priver de la liberté dont il venait de faire un usage dangereux pour la société ; mais quand au sommet de la pénalité je vis la mort, je ne compris plus ; le pied me manqua sur cette prétendue échelle des peines, et je cherchai vainement un rapport, un lien logique quelconque entre la privation de la liberté et la privation de la vie. Qu'un homme vole, on l'enferme ; qu'un homme commette un meurtre, on l'enferme plus durement ; je comprenais : qu'il commette un assassinat, on le tue ; je ne comprenais plus. Cela me paraissait insensé plus encore que barbare.

Je n'en suis pas resté à cette impression naïve ; j'ai cherché de tous côtés la lumière, et ne l'ai point trouvée ; mes études depuis ce temps n'ont servi qu'à accroître et à fortifier de jour en jour cet étonnement, cette révolte de mon esprit, à justifier ce premier mouvement pour ainsi dire inconscient par des arguments aussi simples que décisifs.

Cherchons en effet ce que doit être la peine chez un peuple intelligent et civilisé, et voyons si la mort répond, au moins par quelques côtés importants, à l'idéal que nous allons tracer.

— Idéal, disons-le d'abord, fatalement imparfait. Il est constant en effet que chaque homme naît avec des goûts, des instincts, des qualités, des vices différents ; comment donc établir un droit pénal unique, en présence d'une telle diversité de natures ? Si tout est relatif, de quel droit édicter une règle absolue ? Cette idée, nous la trouvons encore dans Platon, poussée même jusqu'à l'exagération et résumée ainsi : « Chaque homme est pour lui même la mesure de tout. » « Ἄνθρωπος αὐτῷ μέτρον πάντων. » On voit que cette formule, prise à la lettre, conduirait à la négation de toute morale universelle. Je crois au contraire que, dans l'espèce humaine, si chaque individu a ses qualités particulières, qui le distinguent nettement de ses semblables, il faut reconnaître aussi qu'il y a entre tous les hommes certains caractères communs qui permettent de concevoir jusqu'à un certain point l'idée d'une justice générale, et de peines destinées à sanctionner l'observation de cette justice.

La justice, voilà donc le premier fondement du droit de punir; c'en est le côté immatériel, l'esprit. Il y a en outre le côté matériel, l'utilité sociale. Déduit de la nature de l'homme, nature complexe, le droit de punir doit nécessairement avoir une base complexe. La justice, l'utilité, on ne peut faire abstraction ni de l'un ni de l'autre de ces deux termes, qui se complètent mutuellement; l'un est l'âme, l'autre le corps du droit de punir.

Le droit de punir étant fondé sur la justice et sur l'utilité, toute peine doit avoir nécessairement cette double base. Que l'une des deux seulement lui manque, la peine n'a plus raison d'être.

Examinons si la peine de mort est juste, ou légitime; nous examinerons ensuite si elle est utile.

IV.

Suivant Bekker (1), et suivant tout un parti piétiste (2) en Angleterre, le droit pénal a pour base unique l'application de la justice divine représentée par le législateur, et la peine de mort est légitime comme l'accomplissement de la volonté d'en haut.

D'abord où a-t-on vu que la justice de Dieu s'exerce par la mort? C'est une idée aussi étroite que fausse. Les piétistes répondent par certains passages de la Bible. Le pasteur Petit de Latour, dans l'ouvrage remarquable qu'il vient de publier sur l'abolition de la peine de mort, a la patience de réfuter un à un les arguments tirés des textes saints. Pour moi, il y a un guide plus sûr que toutes les Bibles, c'est la conscience, et elle repousse énergiquement l'idée d'une divinité qui se plaît au meurtre.

Mais admettons que la peine de mort soit écrite dans le code divin. Où donc la société a-t-elle pris le pouvoir de se constituer mandataire de Dieu? Est-ce que le droit pénal, dérivant des rapports sociaux entre les hommes, n'est pas

(1) *Traité du droit pénal allemand*, 1er vol., p. 71-81.

(2) Clay, *The Prison Chaplain*, p. 357.

essentiellement terrestre? Est-ce que son empire peut s'exercer au-delà des limites de la vie?

Les mêmes objections sont applicables au système de M. de Savigny, qui n'est que la théorie théocratique déguisée.

Suivant Haëlschner (1), le crime est un obstacle au droit que la peine fait disparaître; suivant Rossi, la peine est un moyen de faire cesser le dommage causé par le crime à la loi. Ces deux systèmes sont avec raison qualifiés d'absurdes par Mittermaier. La société ne peut faire que ce qui est arrivé ne soit pas arrivé, et la mort d'un assassin ne détruit pas l'assassinat qu'il a commis. Hill raconte qu'un enfant, assistant à une exécution, demandait si la mort du coupable allait rendre la vie à la victime : « Pourquoi le pendre alors? Une fois mort, cet homme ne pourra plus faire une bonne action. » Cet enfant avait plus de bon sens que bien des criminalistes.

D'ailleurs, lors même qu'on admettrait les systèmes de Haëlschner et de Rossi, je ne vois pas comment ils en peuvent déduire la justification de la peine de mort.

Suivant d'autres théoriciens, la peine doit correspondre exactement au crime; Hegel (2) ne demande que l'équivalence; Kant (3) veut l'égalité spécifique. Pour tous deux la peine de mort correspond à l'assassinat : la remplacer par la prison, ce serait détruire la proportion entre le crime et la peine. Ni l'un ni l'autre d'ailleurs ne tient compte de l'utilité sociale. Ils partent de cette idée fausse, que le droit de punir repose uniquement sur la justice. Et quelle est leur justice idéale? La justice des représailles!

Il y a eu encore bien d'autres systèmes qu'il est inutile même de mentionner. Qu'on ne s'étonne pas de cette multiplicité. Si l'on y regarde bien attentivement, on verra que ces théories si nombreuses et si diverses en apparence, qui prétendent justifier la peine de mort, contiennent toutes, à l'état plus ou moins latent, un seul et même principe, ou plutôt un instinct brutal et grossier, le pire de tous peut-être, le talion.

(1) *Système du droit pénal en Prusse*, vol. 1, p. 14.

(2) *Philosophie du droit*, §§ 99-101.

(3) V. Fischer, *Histoire des idées d'Emmanuel Kant*, 2e vol., p. 221.

Le talion, c'est-à-dire la vengeance, le mal pour le mal; l'asservissement barbare d'un ressentiment aveugle, la société en guerre avec le coupable, et reproduisant contre lui le crime qu'il vient de commettre.

Je n'ai pas à faire le procès au talion. Les esprits élevés de l'antiquité en avaient déjà compris l'horreur et la déraison. Jésus, et par conséquent tout le christianisme avec lui, l'a flétri au nom de la grande charité nouvelle, et je crois qu'on peut dire qu'aujourd'hui, dans les religions comme hors des religions, tous les esprits sont à peu près unanimes à le condamner.

Mais comment se fait-il donc que les criminalistes défenseurs de la peine de mort, qui n'oseraient pas soutenir ouvertement le principe du talion, qui, sans en avoir eux-mêmes conscience, le dissimulent sous des théories factices, s'abusant en même temps que le public et se faisant illusion sur leur propre bonne foi, comment se fait-il qu'ils ne voient pas que la peine de mort n'est qu'une conséquence directe du talion, et la pire de toutes? Œil pour œil, dent pour dent, vie pour vie. Comment! Vous défendez la peine de mort et vous n'osez pas défendre le talion! Vous voulez l'appliquer seulement dans son expression la plus complète et la plus monstrueuse, lorsqu'à un assassinat privé il répond par un assassinat social? Soyez donc au moins conséquents. Généralisez le principe et soyez logiques dans votre erreur. Qu'on sache à qui l'on a affaire.

Non, la société ne doit pas frapper pour frapper. Elle n'est pas en état de légitime défense, puisqu'elle tient le coupable étroitement muré, au fond d'un cachot, gardé à vue nuit et jour, à son bon plaisir, à sa merci, et rien n'excuse l'injustice et la lâcheté d'un pareil meurtre.

La société ne doit pas envers le coupable faire œuvre de brutalité et de destruction, mais œuvre de prudence et de régénération morale. Une peine ne peut pas être *afflictive*, c'est-à-dire infliger un mal uniquement pour infliger un mal. Ce principe domine tout le système pénal nouveau et ne comporte aucune restriction. En admettre, ce serait ressusciter partiellement le talion.

V.

Mais les partisans les plus nombreux de la peine de mort ne sont pas des théoriciens, ce sont les utilitaires.

La doctrine de l'utilité ! Il suffit d'en prononcer le nom pour en inspirer le mépris. Elle est condamnée par tout homme honnête aussi sévèrement que la théorie du talion. Quelques écrivains, il est vrai, l'ont présentée comme la base unique de la pénalité en général et de la peine de mort en particulier. Etrange contradiction ! Ces conservateurs de l'échafaud repousseraient, j'en suis sûr, la doctrine de l'utile comme mobile unique de la vie, dans les actions même les plus futiles, et ils veulent la conserver lorsqu'il s'agit de couper des têtes !

Je pourrais laisser complétement ce côté de la question; car, si la mort employée comme peine est contraire à la justice, étant donnée la nécessité pour le droit de punir d'une double base, il est superflu de rechercher si la mort est conforme à l'utilité. Quelque utile en effet qu'on puisse la supposer, qu'est-ce qu'une peine qui serait utile sans être juste? Nous avons déjà dit que l'utilité sans la justice, c'est le corps sans l'âme, c'est-à-dire un cadavre.

Cependant, ne fût-ce que pour battre deux fois nos adversaires, examinons rapidement les divers aspects sous lesquels ils présentent la prétendue utilité de la mort pénale.

La mort, il est vrai, met la société à l'abri de toute récidive de la part du coupable. Mais, franchement, la société a-t-elle beaucoup à craindre du condamné enfermé dans une prison cellulaire? Et puis, qu'est-ce que cette considération de la sécurité publique à côté de celle-ci bien autrement importante : l'amendement du condamné? Favoriser par tous les moyens possibles son retour au bien, voilà le principal but de la peine, voilà son utilité capitale. Les chances de conversion ne sont nullement en raison inverse de la gravité des délits. L'observation des faits nous présente, parmi les retours au bien (naturellement fort rares sous le régime pénal actuel), plus de meurtriers que de voleurs de profession. On n'a d'ailleurs jamais le droit de désespérer de la conversion du criminel le plus endurci.

Admettra-t-on, avec la presque totalité des partisans de la peine de mort, qu'elle est un puissant moyen d'intimidation? C'est ce que développent entre autres Bentham et Feuerbach; suivant ce dernier, la peine a pour objet de contraindre la volonté par la crainte d'un mal supérieur aux avantages du crime, et de prévenir le crime par cette crainte. C'est la théorie préventive. Il est bien entendu que, fondé uniquement sur l'utilité, ce système est condamné d'avance, mort-né; ce que je recherche seulement, pour cette théorie utilitaire comme pour toute autre, c'est si l'utilité qu'elle invoque est au moins réelle.

Je ne le pense pas. L'erreur commune à toutes les théories préventives consiste à considérer le crime comme le résultat d'un calcul de la part du criminel, à croire qu'au moment de commettre une mauvaise action il comparera toujours les avantages de cette action avec les inconvénients du châtiment. Supposer aux criminels autant de raisonnement et de sang-froid mathématique, c'est de la fantaisie pure, qui n'a aucun rapport avec les faits réels. Les assassins eux-mêmes sont le plus souvent poussés au crime par une passion, ou par un intérêt aveugle, aussi brutal et aussi irraisonné qu'une passion. En outre, confondre ainsi deux droits parfaitement distincts, le droit de punition et le droit de prévention, ne me paraît amener à d'autre résultat qu'à faire négliger les vrais moyens de prévenir les crimes.

On a sans doute remarqué aussi que ces théoriciens semblent partir du principe que j'ai déjà combattu, que la mort est le mal suprême qu'on puisse infliger à un homme.

Il y a d'ailleurs un moyen bien simple de leur fermer la bouche. Plaçons-nous sur le terrain des chiffres Que ceux qui croient que la peine de mort est efficace consultent la statistique criminelle dans les Etats qui l'ont abolie, avant et après l'abolition; le nombre des crimes autrefois punis de mort et punis maintenant des travaux forcés a-t-il augmenté depuis la loi plus douce? nullement (1). En France la peine de

(1) Voici, d'après Pietro Ellero, la liste glorieuse des Etats qui ont aboli

mort en 1789 était applicable à plus de 115 cas; elle ne l'est plus aujourd'hui qu'à une quinzaine. Que nos adversaires examinent, pour chacun des crimes pour lesquels elle a été supprimée, si ces sortes de crimes ont augmenté, si la répression en est devenue impuissante, si elle n'a pas au contraire gagné en fermeté à mesure qu'elle gagnait en modération. Qu'ils fassent cet examen en Angleterre, en Allemagne, en Italie, dans tous les pays civilisés qui pour la plupart ne conservent plus la peine de mort de droit commun que pour l'homicide au premier chef, ils pourront ainsi toucher du doigt leur erreur et verront s'évanouir le fantôme de l'efficacité préventive.

Quant à l'exemple salutaire résultant du spectacle même de l'échafaud, il ne trouve plus guère de défenseurs, et s'il en reste, qu'ils assistent seulement à une exécution; qu'ils se rendent compte par eux-mêmes de l'impression produite, et ils reviendront édifiés. La vue du sang excite les plus féroces passions; elle pousse à la brutalité et au cynisme. A Newgate, après une exécution, les enfants s'amusent à la représenter;

la peine de mort. (Il y en a en outre un certain nombre où elle a disparu en fait, sinon en droit) :

Années.		Habitants.
1826	Grand-duché de Finlande . . .	1,724,193
1830	Louisiane.	709,200
1831	Ile de Taïti	7,000
1846	Etats du Michigan	397,654
1849	Duché de Nassau.	456,567
1849	Grand-duché d'Oldenbourg . .	285,242
1849	Duché de Brunswick	282,389
1849	Duché de Cobourg	47,014
1852	Etats de Rhodes-Island . . .	174,621
1859	République de Saint-Marin . .	8,000
1860	La Roumanie	4,000,921
1862	Grand-duché de Weimar . . .	273,252
1862	Duché de Saxe-Meiningen . . .	130,000
1863	Canton de Neuchâtel	87,363
1864	Etats-Unis de Colombie . . .	2,800,000
1864	La Hollande	3,241,000
1867	Le Portugal	3,200,000
1868	La Saxe	2,380,000
1868	Le Mexique	6,800,000

chacun a son rôle; l'un est la victime, celui-ci le shériff, cet autre le bourreau (1). Croit-on que cet esprit d'imitation ne se produise que chez les enfants? Les enquêtes officielles nous apprennent que souvent, immédiatement après une exécution, et à une petite distance du lieu où elle s'est accomplie, il se commet d'autres grands crimes; et l'on peut presque dire, si l'on consulte l'histoire de la peine de mort, que la multiplicité des exécutions amène la multiplicité des crimes.

Interrogez enfin les aumôniers des prisons, ils vous diront que la plupart des condamnés à mort avaient assisté eux-mêmes à des exécutions; Roberts, aumônier à Bristol, rapporte que 161 condamnés sur 167 lui ont avoué avoir assisté au spectacle de l'échafaud.

La plupart des gouvernements paraissent aujourd'hui avoir conscience de cette immoralité. Dans plusieurs Etats, en Prusse, par exemple, en Bavière, dans quelques Etats américains, en Angleterre, l'exécution n'est plus publique; elle se fait dans la cour de la prison, devant un certain nombre de témoins. En France, on dresse l'échafaud aux premières lueurs de l'aube, dans les faubourgs des villes, et l'on a soin de ne pas faire connaître d'avance le jour de l'exécution. Quel qu'en soit le motif dans l'esprit des gouvernants, il est évident que cette préoccupation de dérober aux regards l'exécution d'une sentence de mort emporte nécessairement la condamnation de la mort pénale. Comment concevoir en effet une peine mauvaise et corruptrice, une peine que le législateur lui-même redoute, et qu'il a honte d'appliquer?

Je constate donc cette pudeur chez les nations qui n'ont pas encore aboli la peine de mort comme un heureux présage de leur intelligence prochaine de la vérité.

Nous avons vu que la peine de mort n'est ni correctionnelle, ni préventive, ni exemplaire, en un mot, qu'elle est aussi inutile qu'injuste.

(1) M. Berriat-Saint-Prix, dans ses curieuses recherches sur la justice révolutionnaire, rapporte qu'à la suite des exécutions politiques de 1793 la municipalité d'Arras se vit obligée de prendre un arrêté enjoignant aux officiers de police de détruire les petites guillotines dont les enfants se faisaient un jeu pour exécuter des oiseaux et des souris.

Si en outre nous passons en revue les diverses qualités accessoires désirables dans une peine rationnelle, nous verrons que la mort n'en présente aucune.

Ainsi, quant à la mesure, les peines doivent être *égales*, c'est-à-dire affectant également tous les hommes; cette qualité est impossible à obtenir complétement; il faudrait pour cela que tous les hommes fussent identiques. Mais il est facile de voir que la mort s'écarte beaucoup plus de l'égalité qu'une peine comme la prison par exemple. L'opinion des hommes est à peu près unanime sur la privation de la liberté; la mort, au contraire, confine à l'inconnu, et soulève dans l'esprit des problèmes, dont on a présenté et dont on présente encore mille solutions diverses.

Les peines doivent aussi être *divisibles*. La mort ne l'est pas.

A un autre point de vue, ne faut-il pas qu'une peine soit *révocable*, ou *rémissible*, c'est-à-dire puisse cesser à volonté, quand l'amendement du condamné est jugé complet? La peine de mort n'est pas révocable.

Enfin, au cas d'erreur judiciaire reconnue, il est à désirer que la peine soit, autant que possible, *réparable*. La société, il est vrai, ne pourra pas annuler rétroactivement les années de prison qu'a subies un innocent; mais elle pourra réparer indirectement son erreur. Avec la peine de mort rien de semblable; l'innocent a été tué; tout est fini. L'échafaud est bâti sur cette idée monstrueuse, l'infaillibilité humaine.

La peine de mort n'est donc ni conforme à la justice, ni préventive, ni exemplaire, ni correctionnelle, ni égale, ni divisible, ni révocable, ni réparable; qu'est-ce donc que cette prétendue peine qui n'a pas une seule des qualités essentielles de la peine?

VI.

On a fait quelquefois cette question : que mettre à la place de la peine de mort?

A la place de la peine de mort? Rien. Mais il faut organiser suivant les principes de la raison la peine de l'emprisonnement; diversement graduée, elle suffit à toutes les hypothèses.

Au lieu de nos colonies de transportation, où les crimine sont à peine surveillés, et où d'ailleurs rien n'est fait pour leur amendement moral, au lieu de nos maisons de réclusion, hideux foyers de vices et de débauches qui occupent le degré inférieur dans l'échelle des peines, mais qui en réalité sont cent fois plus terribles que la transportation, surtout pour celui qui conserve encore une lueur de moralité, qu'on organise des établissements pénitentiaires cellulaires, où le condamné sera séparé des autres détenus, mais non pas isolé bien entendu; isolé du mal seulement. Qu'on comprenne que le grand but de la peine, c'est la correction du coupable.

Je n'ai pas à entrer dans les détails au sujet du système actuel de nos prisons, et de celui qu'il faudrait y substituer. Cela mériterait une étude à part. J'ai voulu seulement élever une protestation convaincue contre l'échafaud.

Qu'il me soit permis en terminant d'espérer que l'heure de la vraie justice est enfin proche. Au point de vue théorique, la peine de mort est abandonnée par beaucoup de ses partisans; au point de vue pratique, on ne l'applique plus pour ainsi dire qu'exceptionnellement; chaque jour en France nous voyons le jury refuser de rendre des verdicts de mort; et, si le mouvement continue, la peine de mort disparaîtra en fait avant d'avoir disparu en droit.

ELZEAR BONNIER-ORTOLAN.

Imprimé par Charles Noblet, rue Soufflot, 18.

IMPRIMÉ PAR CH. NOBLET, RUE SOUFFLOT, 18.

www.ingramcontent.com/pod-product-compliance
Lightning Source LLC
LaVergne TN
LVHW020505230826
846091LV00008BA/3352
* 9 7 8 2 0 1 9 2 4 0 3 6 3 *